終極蜂蜜食譜

甜味和鹹味食譜，帶來天然美味。探索蜂蜜的黃金甜味——從早餐到甜點，釋放天然甜味劑的力量

暉 江

目錄

介紹

歡迎來到蜂蜜的世界！在這本食譜中，我們邀請您盡情享受大自然非凡禮物的金色甜蜜。幾個世紀以來，蜂蜜一直被視為一種天然甜味劑、令人難以置信的風味和健康益處的來源。這本食譜是您在各種甜味和鹹味美味食譜中釋放蜂蜜全部潛力的終極指南。

蜂蜜不僅是糖的替代品，也是糖的替代品。它是一種烹飪瑰寶，可為您的菜餚增添深度、複雜性和自然甜味。從最受歡迎的早餐和誘人的開胃菜到令人滿意的主菜和難以抗拒的甜點，這本食譜頌揚了蜂蜜創意的多功能性和豐富性。

在這些頁面中，您將發現一個食譜寶庫，這些食譜展示了蜂蜜可以為您的餐桌帶來的令人難以置信的各種風味和質地。從蜂蜜釉肉和烤蔬菜到蜂蜜糕點和頹廢糖果，我們精心策劃了一個系列，突出了這種非凡成分的多種應用。每個配方都經過精心設計，以充分發揮蜂蜜的天然甜味，同時補充其他口味。

但這本食譜不僅僅是蜂蜜食譜的彙編。我們將引導您了解不同類型和品種的蜂蜜，分享其對健康益處的見解，並提供為您的菜餚選擇最優質蜂蜜的建議。無論您是蜂蜜愛好者還是剛開始將其融入烹飪中，我們都會幫助您享受這種黃金靈丹妙藥的豐富性和多功能性。

因此，無論您是在尋找精製糖的更健康替代品，探索新的口味組合，還是只是喜歡蜂蜜的天然甜味，讓《終極蜂蜜食譜》成為您的指南。準備好踏上一段旅程，這將改變您的烹飪創作，並將大自然甜味劑的精髓帶入您的廚房。

早餐

1.蜂窩太妃糖麵包

原料：

- 3 杯通用麵粉
- 2 茶匙活性幹酵母
- 1 茶匙鹽
- 2 湯匙蜂蜜
- 1 杯溫水
- ¼ 杯融化的黃油
- ½ 杯碎蜂窩太妃糖（可選）

指示：

a) 在一個大攪拌碗中，混合麵粉、酵母和鹽。

b) 在另一個碗中，混合蜂蜜和溫水，直至蜂蜜溶解。

c) 將蜂蜜水混合物倒入麵粉混合物中，攪拌均勻，形成麵團。

d) 將麵團放在撒有少許麵粉的表面上揉捏約 5-7 分鐘，直至光滑且有彈性。

e) 將麵團放入抹了油的碗中，蓋上乾淨的廚房毛巾，放在溫暖的地方發酵約 1 小時或直至體積增加一倍。

f) 將烤箱預熱至 375°F (190°C)。

g) 把發酵好的麵團壓扁，做成麵包。

h) 將麵包放入塗有油脂的麵包盤中，並在頂部刷上融化的黃油。

i) 將壓碎的蜂窩太妃糖撒在麵包頂部，輕輕地將其壓入麵團中。

j) 將麵包放入預熱的烤箱中烘烤 25-30 分鐘或直至呈金黃色。

k) 將麵包從烤箱中取出，放在金屬架上冷卻，然後切片和食用。

2.蜂巢糖奶昔

原料：

- 2 杯香草冰淇淋
- 1 杯牛奶
- ½ 杯蜂窩糖，壓碎
- 打發奶油作為配料

指示：

a) 在攪拌機中，將香草冰淇淋、牛奶和碎蜂窩糖混合。

b) 攪拌直至光滑、呈奶油狀。

c) 將奶昔倒入玻璃杯中。

d) 上面撒上生奶油和額外的碎蜂窩糖。

e) 享用這款美味的蜂窩糖果奶昔作為早餐。

3.蜂窩穀物凍糕

原料：
- 1 杯 蜂窩麥片
- 1 杯希臘酸奶
- 1 杯混合新鮮漿果
- 蜂蜜用於毛毛雨

指示：

a) 在玻璃杯或罐子中，鋪上蜂窩狀麥片、希臘酸奶和混合新鮮漿果。

b) 在每一層上淋上蜂蜜。

c) 重複各層，直到使用完所有成分。

d) 上面再撒上一點蜂蜜和一些蜂窩狀麥片。

e) 享用並品嚐這款鬆脆香甜的蜂窩穀物凍糕。

4.蜂窩糖果煎餅

原料：

- 1½ 杯通用麵粉
- 2 湯匙糖
- 1 湯匙泡打粉
- ½ 茶匙鹽
- 1 杯牛奶
- 1 個雞蛋
- 2 湯匙融化的黃油
- ½ 杯蜂窩糖，壓碎
- 煎炸用黃油或油

指示：

a) 在攪拌碗中，混合麵粉、糖、泡打粉和鹽。

b) 在另一個碗中，將牛奶、雞蛋、融化的黃油和碎蜂窩糖攪拌在一起。

c) 將濕成分倒入乾成分中，攪拌直至混合。

d) 用中火加熱煎鍋或煎鍋，並塗上黃油或油。

e) 將 ¼ 杯麵糊倒在每個煎餅的烤盤上。

f) 煮至表面出現氣泡，然後翻面煮至金黃色。

g) 將蜂窩糖果煎餅與額外的碎蜂窩糖果和您選擇的配料一起食用。

5.蜂巢糖隔夜燕麥

原料：

- ½ 杯燕麥片
- ½ 杯牛奶（乳製品或植物奶）
- ½ 杯希臘酸奶
- 1 湯匙蜂蜜
- 1/4 杯蜂巢糖，壓碎
- 新鮮水果作為配料

指示：

a) 在罐子或容器中，將燕麥片、牛奶、希臘酸奶和蜂蜜混合。

b) 攪拌均勻。

c) 將碎蜂窩糖撒在混合物上。

d) 蓋上罐子或容器並冷藏過夜。

e) 早上，充分攪拌燕麥。

f) 上面放上新鮮水果和額外的碎蜂窩糖。

g) 享受這種簡單又美味的蜂窩糖果隔夜燕麥。

6.蜂巢糖法式吐司

原料：

- 4 片麵包
- 2 個蛋
- 1/4 杯牛奶
- ½ 茶匙香草精
- 煎炸用黃油
- 蜂蜜用於毛毛雨
- 蜂窩糖，壓碎

指示：

a) 在一個淺碗中，將雞蛋、牛奶和香草精攪拌在一起。

b) 將每片麵包浸入雞蛋混合物中，兩面都塗上雞蛋混合物。

c) 用中火加熱煎鍋並融化一些黃油。

d) 將浸過油的麵包片放入鍋中，煎至兩面金黃。

e) 將法式吐司淋上蜂蜜，撒上碎蜂窩糖。

f) 享受這款香甜鬆脆的蜂窩糖果法式吐司。

7.蜂窝糖果酸奶碗

原料：

- 1 杯希臘酸奶
- 2 湯匙蜂蜜
- 1/4 杯蜂巢糖，壓碎
- 新鮮水果作為配料

指示：

a) 在一個碗中，混合希臘酸奶和蜂蜜。

b) 將碎蜂窩糖撒在酸奶上。

c) 上面放上新鮮水果。

d) 攪拌均勻，享用這碗美味的蜂蜜酸奶。

8.蜂窝穀物冰沙

原料：

- 1 個熟香蕉
- 1 杯冷凍混合漿果
- ½ 杯蜂窩麥片
- 1 杯牛奶（乳製品或植物奶）
- 1 湯匙蜂蜜

指示：

a) 在攪拌機中，將成熟的香蕉、冷凍混合漿果、蜂窩麥片、牛奶和蜂蜜混合。

b) 攪拌直至光滑、呈奶油狀。

c) 將冰沙倒入玻璃杯中。

d) 在上面撒上一些蜂窩狀麥片裝飾。

e) 享用這款蜂窩穀物冰沙，享用快速而充滿活力的早餐。

9.蜂窩糖果華夫餅

原料：

- 1 ½ 杯通用麵粉
- 2 湯匙糖
- 1 湯匙泡打粉
- ½ 茶匙鹽
- 1 杯牛奶
- ¼ 杯植物油
- 2 個蛋
- ½ 茶匙香草精
- ½ 杯蜂窩糖，壓碎

指示：

a) 根據製造商的說明預熱華夫餅熨斗。

b) 在攪拌碗中，混合麵粉、糖、泡打粉和鹽。

c) 在另一個碗中，將牛奶、植物油、雞蛋和香草精攪拌在一起。

d) 將濕成分倒入乾成分中，攪拌直至混合。

e) 加入壓碎的蜂窩糖攪拌。

f) 將麵糊舀到預熱的華夫餅熨斗上，煮至金黃色酥脆。

g) 將蜂窩糖果華夫餅與細雨蜂蜜和額外壓碎的蜂窩糖果一起食用。

10.蜂窝香蕉冰沙

原料：

- 1 根冷凍香蕉
- 1 杯杏仁奶（或你喜歡的牛奶）
- ¼ 杯 蜂窩狀麥片
- 1 湯匙蜂蜜
- 冰塊（可選）

指示：

a) 在攪拌機中，將冷凍香蕉、杏仁奶、蜂窩麥片和蜂蜜混合。

b) 攪拌直至光滑、呈奶油狀。

c) 如果需要，添加冰塊並再次混合。

d) 將冰沙倒入玻璃杯中。

e) 在上面撒上一些蜂窩狀麥片裝飾。

f) 享受這款蜂窩穀物冰沙作為美味可口的飲料。

11.蜂窩糖果星冰樂

原料：

- 1 杯濃煮咖啡，冰鎮
- ½ 杯牛奶（乳製品或植物奶）
- 1/4 杯蜂巢糖，壓碎
- 2 湯匙糖
- 冰塊
- 鮮奶油（可選）

指示：

a) 在攪拌機中，將冰鎮咖啡、牛奶、碎蜂窩糖、糖和一把冰塊混合。

b) 攪拌直至充分混合併起泡。

c) 將星冰樂倒入玻璃杯中。

d) 如果需要的話，可以在上面撒上生奶油和額外的碎蜂窩糖。

e) 享受這款蜂窩糖果星冰樂作為令人愉悅且充滿活力的飲料。

12.蜂巢糖冰茶

原料：

- 2 杯沖泡茶（紅茶或花草茶），冰鎮
- ¼ 杯蜂蜜
- 1/4 杯蜂巢糖，壓碎
- 檸檬片（可選）

指示：

a) 在水罐中，將冰鎮的泡茶、蜂蜜和壓碎的蜂窩糖混合在一起。

b) 攪拌直至蜂窩糖溶解。

c) 如果需要額外的風味，可以添加檸檬片。

d) 將玻璃杯裝滿冰塊，然後將蜂窩糖冰茶倒在冰上。

e) 在炎熱的天氣裡享用這款清爽的蜂窩糖果冰茶。

13.蜂窩糖果拿鐵

原料：

- 1 杯濃縮咖啡（或濃咖啡）
- 1 杯牛奶（乳製品或植物奶）
- 2 湯匙蜂蜜
- 1/4 杯蜂巢糖，壓碎
- 可可粉或肉桂粉（可選）

指示：

a) 在平底鍋中，用中火將牛奶和蜂蜜加熱至熱但不要沸騰。

b) 使用起泡器或攪拌器將牛奶打出泡沫，直至變成奶油狀。

c) 將濃縮咖啡或咖啡倒入杯子中。

d) 將熱牛奶混合物添加到杯子中，輕輕攪拌。

e) 在上面撒上碎蜂窩糖。

f) 如果需要的話，撒上可可粉或肉桂粉。

g) 享受這款蜂窩糖果拿鐵作為一種舒適而美味的飲料。

14.蜂巢糖奶茶

原料：

- ½ 杯木薯珍珠（波巴）
- 2 杯水
- ¼ 杯蜂巢糖，壓碎成小塊
- 您選擇的茶（紅茶、綠茶或任何其他口味）
- 牛奶或非乳製品替代品
- 甜味劑（可選）
- 冰塊

指示：

a) 根據包裝說明烹製木薯珍珠（波巴）。通常，您需要將一鍋水燒開，加入波巴珍珠，煮至它們柔軟耐嚼。將煮熟的珍珠瀝乾並用冷水沖洗。

b) 在玻璃杯中，將壓碎的蜂窩糖果放在底部。

c) 根據包裝說明沖泡您選擇的茶。您可以根據自己的喜好將其加熱或冷卻。

d) 茶準備好後，將其倒在玻璃杯中壓碎的蜂窩糖上。

e) 將煮熟的木薯珍珠（波巴）加入玻璃杯中。

f) 如果需要，可在茶中添加甜味劑並攪拌直至溶解。

g) 在玻璃杯中添加牛奶或非乳製品替代品，在頂部留出一些空間來放置冰塊。

h) 輕輕攪拌混合物以混合所有成分。

i) 添加冰塊來冷卻飲料並賦予其清爽的口感。

j) 將一根大吸管或波巴吸管插入玻璃杯中，讓您在喝飲料的同時享受蜂窩糖和波巴珍珠的樂趣。

k) 最後攪拌一下，就可以享用了！

15.蜂巢糖熱巧克力

原料：

- 2 杯牛奶（乳製品或植物性牛奶）
- 2 湯匙可可粉
- 2 湯匙糖
- 1/4 杯蜂巢糖，壓碎
- 打頂用的鮮奶油和巧克力屑（可選）

指示：

a) 在平底鍋中，用中火將牛奶加熱至熱但不要沸騰。

b) 加入可可粉和糖，攪拌直至充分混合且光滑。

c) 將壓碎的蜂窩糖添加到熱巧克力混合物中。

d) 繼續加熱攪拌直至蜂窩糖融化。

e) 將熱巧克力倒入杯子中。

f) 如果需要的話，可以在上面撒上生奶油和巧克力屑。

g) 在寒冷的日子裡享用這款濃郁而頹廢的蜂窩糖果熱巧克力。

16.蜂巢穀物奶

原料：

● 2 杯牛奶（乳製品或植物性牛奶）

● 1 杯 蜂窩麥片

指示：

a) 將牛奶倒入碗中。

b) 將蜂窩麥片添加到牛奶中。

c) 輕輕攪拌，將穀物混入牛奶中。

d) 讓混合物靜置約 10 分鐘，讓穀物為牛奶注入風味。

e) 如果需要，過濾牛奶以除去穀物固體。

f) 將蜂巢麥片牛奶冷藏或加冰食用。

g) 享受這種懷舊而甜美的蜂窩穀物牛奶作為令人愉悅的飲料。

開胃菜

17.開心果和蜂蜜雪弗原木

原料：

- 1 根（10 盎司，或 280 克）雪佛蘭山羊奶酪
- 85 克（1/4 杯）蜂蜜
- 40 克（2 湯匙）無花果醬
- 1/8 至 1/4 杯（15 至 31 克）去殼、切碎的開心果
- 上菜盤
- 可用於微波爐的小碗
- 勺子

指示：

a) 將切弗爾奶酪原條放在盤子上。

b) 將蜂蜜和果醬放入微波爐中的小碗中加熱，直至蜜餞融化，蜂蜜和果醬可以輕鬆混合。

c) 將蜂蜜果醬混合物淋在山羊奶酪上，撒上切碎的開心果。

d) 與餅乾或硬皮麵包一起食用。

18.質樸的荷蘭烤箱麵包

原料：

升遷：

- 1 杯（235 毫升）冷卻至溫水（90°F 至 100°F [32°C 至 38°C]）
- 1/2 茶匙 活性幹酵母
- 171 克（11/4 杯）麵包粉
- 31 克（1/4 杯）通用麵粉或全麥麵粉
- 大碗
- 木勺子
- 保鮮膜

麵團：

- 從上面預發酵
- 235 毫升（1 杯）水（100°F 至 115°F [38°C 至 46°C]）
- 3/4 茶匙 活性幹酵母
- 40 克（2 湯匙）蜂蜜
- 31/2 至 4 杯（480 至 548 克）麵包粉
- 2 茶匙鹽，或適量
- 保鮮膜
- 玉米粉或麵粉
- 羊皮紙
- 荷蘭烤箱
- 鋒利的刀子

指示：

a) 為了進行預發酵，將所有預發酵成分攪拌在一起，形成濃稠的濕混合物。蓋上保鮮膜，靜置至少 2 小時。為了獲得最佳風味，請讓發酵劑放置更長時間或過夜。

b) 製作麵團時，用勺子攪拌預發酵，然後加入水、酵母、蜂蜜、31/2 杯（480 克）麵粉和鹽。混合或揉捏麵團，直到所有成分全部混合。麵團應該是一個稍微蓬鬆、凌亂的麵團。蓋上毛巾或保鮮膜，靜置 30 分鐘，讓麵粉吸收水分，然後再次揉捏。現在它應該更加內聚並且更加平滑。揉麵團，如果需要的話添加更多麵粉，製成柔軟的麵團。

c) 將麵團放入塗有少許油脂的碗中，蓋上塗有少許油脂的保鮮膜，放在陰涼處或冰箱中使其發酵至幾乎兩倍大。

d) 小心地將麵團揉成一個大麵包，盡量不要讓麵團完全癟掉。在一張羊皮紙上撒上玉米粉或麵粉。輕輕地將麵團放在羊皮紙上，接縫面朝下，並用塗有油脂的保鮮膜覆蓋。讓它在溫暖的地方發酵，直到發酵 50% 或更多。

e) 將荷蘭烤箱放入烤箱並預熱至 425°F（220°C，或氣體標記 7）。鍋的加熱時間可能比烤箱本身要長一些。

f) 麵團準備好後，將鍋從烤箱中取出。將羊皮紙和麵團一起拿起，直接放入鍋中。用鋒利的刀在麵包上划划線或劃十字線。蓋上鍋蓋並放入烤箱。

g) 立即將熱量降至 375°F（190°C，或氣體標記 5）並烘烤 30 分鐘。取下蓋子，再烘烤 20 至 30 分鐘或直至麵包烤透。內部溫度應至少為 190°F (88°C)。將麵包從荷蘭烤箱中取出，放在金屬架上冷卻。克制住趁麵包還熱的時候切開麵包的衝動。麵包最好在新鮮但涼爽的情況下享用。它可以在塑料袋中保存幾天。

19.蜂蜜黄油

原料：

- 455 克（1 磅）黃油
- 85 克（1/4 杯）蜂蜜
- 刀
- 中號碗
- 混合器
- 羊皮紙或保鮮膜

指示：

a) 將黃油切成塊並放入碗中。用攪拌機低速攪拌黃油，直至其鬆散並易於使用。

b) 加入蜂蜜並以中速攪拌直至充分混合。

c) 用勺子舀到羊皮紙或保鮮膜上，形成一根圓木，冷藏幾個小時或直到需要時為止。

d) 添加 1/2 茶匙肉桂粉和 1/2 茶匙香草精以及蜂蜜，使蜂蜜黃油變得更加特別。

20.羅勒蜂蜜乳清乾酪塔丁

原料：

- 1 條硬皮酵母麵包，切成 3/4 至 1 英寸（2 至 2.5 厘米）的片
- 250 克（1 杯）全脂乳清乾酪
- 2 個檸檬，去皮
- 24 克（1 杯）甜羅勒，較大的葉子，粗切碎
- 1 大瓣大蒜，去皮
- 1/2 至 1 杯（170 至 340 克）淡蜂蜜
- 檸檬微型飛機或削皮器
- 烤盤或烤架烤麵包

指示：

a) 將麵包片放在烤架上或放在烤盤的爐頂上，每面烤約 2 分鐘。麵包表面應烤至淺至中棕色。

b) 將蒜瓣擦在烤麵包的一側。

c) 在麵包上鋪上一層乳清乾酪，加入羅勒，然後在麵包片上撒上檸檬皮碎。

d) 上菜前，將蜂蜜淋在上面。立即食用。

21.蜂窝脆脆棒

原料：

- 4 杯 蜂窩麥片
- 2 杯牛奶巧克力片
- ¼ 杯黃油

指示：

a) 在烤盤或託盤上鋪上羊皮紙。

b) 在一個大攪拌碗中，輕輕壓碎蜂窩狀麥片，留下一些較大的碎片以增加質地。

c) 在微波爐安全的碗中，將巧克力片和黃油短時間融化在一起，中間攪拌，直至光滑並完全融化。

d) 將融化的巧克力混合物倒在壓碎的穀物上，攪拌直至所有穀物都塗上一層。

e) 將混合物轉移到準備好的烤盤中，然後用勺子或抹刀的背面用力壓實。

f) 將盤子放入冰箱約 1 小時或直至巧克力凝固。

g) 一旦棒變硬，將它們從盤中取出並切成所需的尺寸。

h) 享用蜂窩脆餅吧。

22.蜂窝谷物棒

原料：
- 3 杯蜂窩麥片
- 2 杯迷你棉花糖
- 3 湯匙黃油
- ¼ 杯蜂蜜
- 1/4 杯蜂巢糖，壓碎

指示：
a) 在一個大碗中，將蜂窩麥片和碎蜂窩糖果混合。擱置。
b) 在平底鍋中，用小火融化黃油。
c) 將迷你棉花糖加入融化的黃油中，攪拌直至完全融化且光滑。
d) 將鍋從火上移開，加入蜂蜜攪拌。
e) 將棉花糖混合物倒在蜂窩穀物混合物上，攪拌直至均勻覆蓋。
f) 將混合物牢固地壓入塗有油脂的烤盤中。
g) 在頂部撒上額外的碎蜂窩糖果。
h) 讓棒材冷卻並凝固，然後再將其切成方塊。
i) 在旅途中享用這些美味的蜂窩穀物棒作為早餐。

23.蜂窩餅乾棒

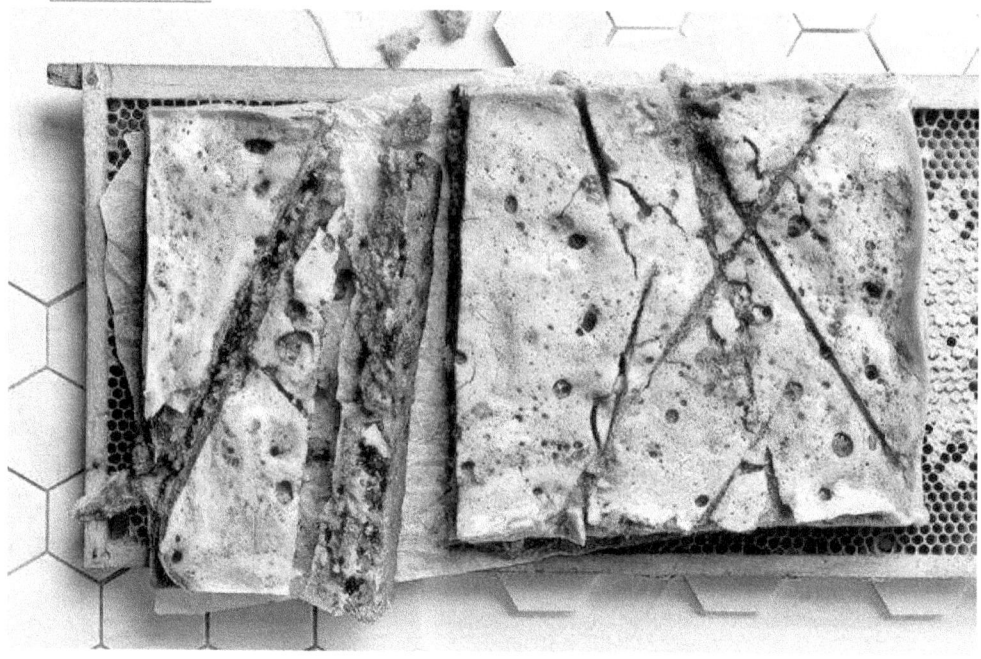

原料：

- 1 ½ 杯通用麵粉
- ½ 茶匙泡打粉
- 1/4 茶匙鹽
- ½ 杯無鹽黃油，軟化
- 3/4 杯砂糖
- ¼ 杯蜂蜜
- 1 茶匙香草精
- 1 個大雞蛋
- 1 杯碎蜂窩糖

指示：

a) 將烤箱預熱至 350°F (175°C)，並在 9x9 英寸的烤盤上塗抹油脂。

b) 在一個中等大小的碗中，將麵粉、發酵粉和鹽攪拌在一起。擱置。

c) 在另一個大碗中，將軟化的黃油、糖、蜂蜜和香草精混合在一起，攪拌至鬆軟。

d) 加入雞蛋，攪拌均勻。

e) 逐漸將乾成分添加到濕成分中，攪拌直至完全混合。

f) 拌入壓碎的蜂窩糖，保留少量用於澆頭。

g) 將餅乾麵團均勻地鋪入準備好的烤盤中，然後將剩餘的碎蜂窩糖撒在上面。

h) 烘烤 25-30 分鐘或直至邊緣呈金黃色。

i) 從烤箱中取出並完全冷卻，然後切成條狀。

24.蜂窩糖果樹皮

原料：

- 12 盎司 黑巧克力，融化
- 1 杯碎蜂窩糖
- ¼ 杯切碎的堅果（可選）

指示：

a) 在烤盤上鋪上羊皮紙。

b) 將融化的黑巧克力均勻地鋪在羊皮紙上。

c) 將壓碎的蜂窩糖和切碎的堅果（如果使用）撒在巧克力上。

d) 將烤盤放入冰箱約 30 分鐘或直至巧克力凝固。

e) 一旦凝固，將樹皮打碎即可食用。

25.蜂窝能量球咬

原料：

- 1 杯 去核棗
- ½ 杯杏仁黃油
- ¼ 杯蜂蜜
- ½ 茶匙香草精
- 1/4 茶匙鹽
- 1 杯燕麥片
- ¼ 杯壓碎的蜂窩糖果
- ¼ 杯椰絲（可選，用於滾壓）

指示：

a) 在食品加工機中，將棗子、杏仁黃油、蜂蜜、香草精和鹽混合。處理直至光滑。

b) 將燕麥片和碎蜂窩糖加入食品加工機中。脈衝幾次以混合成分。

c) 舀出湯匙大小的混合物，用手將其滾成球狀。

d) 如果需要，可以將能量球放入椰絲中滾動，以獲得額外的風味和口感。

e) 將能量球塊放在襯有羊皮紙的烤盤上，冷藏至少 30 分鐘使其變硬。

f) 將蜂窩能量球咬入密封容器中存放在冰箱中。

26.蜂窝糖果爆米花

原料：

- 8 杯爆米花
- ½ 杯蜂蜜
- ¼ 杯黃油
- ½ 茶匙香草精
- ½ 杯壓碎的蜂窩糖果

指示：

a) 在一個小平底鍋中，用中火將蜂蜜和黃油融化在一起。

b) 加入香草精攪拌。

c) 將爆米花放入一個大碗中，然後將蜂蜜混合物倒在上面。

d) 輕輕地攪拌爆米花，使其均勻地覆蓋。

e) 將壓碎的蜂窩糖撒在爆米花上，然後再次攪拌。

f) 食用前，讓爆米花冷卻，蜂蜜混合物變硬。

27.蜂窩穀物零食混合物

原料：

- 2 杯 蜂窩麥片
- 1 杯椒鹽捲餅
- ½ 杯蜂窩糖，壓碎
- ¼ 杯烤花生或杏仁
- ¼ 杯 蔓越莓乾或葡萄乾
- ¼ 杯白巧克力片（可選）

指示：

a) 在一個大碗中，將蜂窩麥片、椒鹽捲餅、碎蜂窩糖、烤花生或杏仁、幹蔓越莓或葡萄乾以及白巧克力片（如果使用）混合。

b) 將成分攪拌在一起直至充分混合。

c) 將零食混合物轉移到密封容器或單獨的零食袋中。

d) 隨時隨地享用這款甜鹹蜂窩穀物零食混合物或作為快餐。

28.蜂窝糖果浸

原料：

- 8 盎司 奶油乾酪，軟化
- ½ 杯糖粉
- ¼ 杯蜂蜜
- 1/4 杯蜂巢糖，壓碎
- 用於蘸醬的蘋果片、椒鹽捲餅或全麥餅乾

指示：

a) 在攪拌碗中，將奶油乾酪攪打至光滑。

b) 逐漸加入糖粉和蜂蜜，攪拌直至充分混合。

c) 拌入壓碎的蜂窩糖。

d) 將蘸醬轉移到碗中。

e) 將蜂窩糖果醬與蘋果片、椒鹽捲餅或全麥餅乾一起享用，成為美味小吃。

29.蜂巢酸奶凍糕

原料：

- 1 杯希臘酸奶
- 2 湯匙蜂蜜
- ¼ 杯壓碎的蜂窩糖果
- ¼ 杯 格蘭諾拉麥片
- 新鮮漿果作為配料（可選）

指示：

a) 在碗中，將希臘酸奶和蜂蜜混合直至充分混合。

b) 將蜂蜜酸奶、碎蜂窩糖和格蘭諾拉麥片分層放入玻璃杯或罐子中。

c) 重複各層，直到使用完所有成分。

d) 如果需要的話，可以在上面放上新鮮漿果。

e) 立即享用蜂窩酸奶凍糕或冷藏直至可以享用。

30.蜂窩糖果格蘭諾拉麥片

原料：

- 3 杯老式燕麥
- 1 杯切碎的堅果（例如杏仁、核桃、山核桃）
- ¼ 杯蜂蜜
- 2 湯匙椰子油，融化
- 1 茶匙香草精
- 1/4 茶匙鹽
- ½ 杯乾果（例如葡萄乾、蔓越莓、切碎的杏子）
- ¼ 杯壓碎的蜂窩糖果

指示：

a) 將烤箱預熱至 325°F (165°C)，並在烤盤上鋪上羊皮紙。

b) 在一個大碗中，混合燕麥、切碎的堅果、蜂蜜、融化的椰子油、香草精和鹽。攪拌直至所有成分都塗勻。

c) 將混合物均勻地鋪在準備好的烤盤上。

d) 在預熱的烤箱中烘烤 20-25 分鐘，攪拌一兩次，直至格蘭諾拉麥片呈金黃色並烤熟。

e) 從烤箱中取出烤盤，讓格蘭諾拉麥片完全冷卻。

f) 冷卻後，加入乾果和碎蜂窩糖攪拌。

g) 將蜂窩狀格蘭諾拉麥片放入密封容器中，在室溫下最多可保存 2 週。

甜點

31.波爾多坎內萊

原料：

麵糊：

- 475 毫升（2 杯）全脂牛奶
- 42 克（11/2 盎司）無鹽黃油
- 1 顆 香草豆，劈開，刮去種子
- 150 克（3/4 杯）糖
- 94 克（3/4 杯）麵粉
- 1/4 茶匙 鹽
- 2 個大雞蛋
- 2 個大蛋黃
- 60 毫升（1/4 杯）黑朗姆酒

模具潤滑脂：

- 14 克（1 湯匙）蜂蠟
- 14 克（1 湯匙）無鹽黃油
- 小平底鍋
- 中號碗
- 小碗
- 木勺子
- 帶密封蓋的容器
- Cannelé 模具（銅、鋁或矽膠）
- 小型耐熱容器
- 清潔模具油脂刷
- 烤盤

指示：

a) 將牛奶、黃油、香草豆和香草籽放入平底鍋中，用中火加熱，直至黃油融化，然後小火慢燉。從火上移開並稍微冷卻一下。取出香草豆。

b) 在一個中等大小的碗中，將糖、麵粉和鹽攪拌在一起。擱置。

c) 在一個小碗中，將雞蛋和蛋黃攪拌在一起，注意不要混入太多空氣。向雞蛋中加入少量溫牛奶並攪拌，然後再添加更多牛奶，以調和雞蛋。這個想法是在不煮雞蛋的情況下提高雞蛋的溫度。將大約一半的牛奶攪拌到雞蛋中後，將剩餘的牛奶和雞蛋混合物添加到糖和麵粉混合物中。攪拌至足以合併。加入朗姆酒，將混合物倒入密封容器中並冷藏。

d) 將混合物在冰箱中靜置至少 2 天，偶爾攪拌。烘烤前讓其達到室溫一小時。

e) 這個食譜是完美的入門食譜。我在製作牛奶時會在牛奶中添加橙皮，但可以添加各種口味來調整配方。嘗試一些薰衣草花、八角茴香，甚至咖啡。

f) 準備烘烤時，將烤箱預熱至 475°F（240°C，或氣體標記 9）並準備模具。

g) 首先，將蜂蠟和黃油放入一個小型耐熱容器中融化。要塗覆模具，請稍微加熱模具。在模具內刷上一層薄薄的蜂蠟/黃油混合物，然後放入冰箱冷卻。

h) 將模具放在烤盤上，在每個模具周圍留出足夠的空氣空間。輕輕攪拌麵糊，然後倒入等待的模具中。將模具填充約 3/4 滿。

i) 烤箱熱後，小心地將烤盤轉移到烤箱中，並立即將溫度降至 425°F（220°C，或氣體標記 7）。

j) 烤 15 分鐘。將烘烤溫度降低至 375°F（190°，或氣體標記 5），再烘烤一個小時左右。

k) 烘烤直至外部呈中棕色至深棕色（但不要燒焦）。將烤盤從烤箱中取出，讓 Cannelé 靜置 10 分鐘，然後將其脫模到冷卻架上。

32.蜂蜜柑橘茶餅

原料：

- 260 克（2 杯）+ 16 克（2 湯匙）通用麵粉
- 21/4 茶匙發酵粉
- 1/2 茶匙鹽
- 新鮮磨碎的果皮和 2 個血橙汁
- 新鮮磨碎的檸檬皮和 1/2 個檸檬汁
- 4 個大雞蛋，室溫
- 170 克（1/2 杯）蜂蜜
- 175 毫升（3/4 杯）溫和的特級初榨橄欖油
- 120 毫升（1/2 杯）牛奶
- 刨絲器
- 柑橘榨汁機
- 8 英寸（23 厘米）麵包盤
- 羊皮紙
- 小碗
- 中號碗
- 拂
- 木勺子

指示：

a) 將烤箱預熱至 350°F（180°C，或氣體標記 4）。在麵包盤上鋪上一張足夠長的羊皮紙，使其懸掛在麵包的兩側（這可以作為一個手柄，可以輕鬆地將烤好的麵包從烤盤中提起）。

b) 在一個小碗中，將麵粉、發酵粉、鹽、血橙皮和檸檬皮攪拌在一起。

c) 在一個中等大小的碗中，將雞蛋、蜂蜜、橄欖油、血橙汁和檸檬汁攪拌在一起。用力攪拌直至光滑且沒有結塊。將牛奶和麵粉混合物混合，攪拌直至完全混合併且沒有可見的麵粉塊。

d) 將麵糊刮入準備好的麵包盤中。烘烤 50 分鐘或直至蛋糕呈深金黃色，並且用手指輕輕敲擊蛋糕會彈回。

e) 切片前讓蛋糕完全冷卻。將剩餘的蛋糕用羊皮紙緊緊包裹起來，並在 2 天內享用。

33.芒果史里坎德

原料：

- 180 克（3/4 杯）過濾酸奶（約 2 杯 [460 克] 未過濾）
- 1 至 2 湯匙（15 至 28 毫升）牛奶
- 藏紅花，幾絲，壓碎
- 85 克（1/4 杯）蜂蜜（如果芒果超級甜，開始時減少一些）
- 1/4 茶匙 綠荳蔻粉
- 1/4 至 1/2 杯（62 至 125 克）芒果泥
- 6 至 8 個開心果（或其他堅果，如杏仁或腰果），切碎，可選
- 中號碗
- 小碗（可用於微波爐）
- 木勺子

指示：

a) 將濾過的酸奶倒入一個中等大小的碗中並放在一邊。

b) 將牛奶倒入一個可用於微波爐的小碗中，加熱至約 120°F (49°C)。加入藏紅花並混合。趁熱加入蜂蜜，攪拌混合。牛奶的溫暖應該有助於軟化蜂蜜，使其與涼爽的酸奶混合。

c) 將牛奶和蜂蜜混合物、小荳蔻粉和芒果泥添加到濾過的酸奶中。輕輕攪拌直至完全混合。

d) 將混合物倒入甜點盤中並冷卻。如果需要，可以在食用前在上面放上切碎的堅果。最好在一兩天內享用。

34.粗蕎麥麥片

原料：

- 240 克（3 杯）燕麥片（必要時不含麩質）
- 240 克（1 杯）蕎麥
- 90 克（11/2 杯）椰子片
- 52 克（1/4 杯）奇亞籽
- 36 克（1/4 杯）椰子糖
- 135 克（1 杯）榛子（核桃也很好吃。）
- 75 克（1/3 杯）椰子油
- 115 克（1/3 杯）蜂蜜
- 1 茶匙香草精
- 1/2 茶匙細粒海鹽
- 40 克（1/2 杯）可可粉（有機，公平貿易，如果可能）
- 2 至 3 個蛋清（可選）
- 大碗
- 刀
- 切菜板
- 小平底鍋
- 木勺子
- 小碗
- 拂
- 抹刀
- 烤盤
- 羊皮紙

指示：

a) 將烤箱預熱至 350°F（180°C，或氣體標記 4）。

b) 在一個大碗中，將燕麥、蕎麥、椰子片、奇亞籽和椰子糖混合。粗略切碎堅果並將其添加到混合物中。

c) 在小平底鍋中，用中低火融化椰子油。加入蜂蜜、香草精、鹽和可可粉。攪拌混合直至光滑。

d) 在一個小碗中攪拌蛋白直至蓬鬆。

e) 將蜂蜜/油混合物倒在乾燥的原料上，然後用勺子折疊，使其完全均勻地塗上。加入攪打好的蛋白並充分混合。

f) 將混合物均勻地鋪在有襯裡的烤盤上，並用抹刀背面用力按壓，以確保混合物緻密。烘烤 15 至 20 分鐘。

g) 從烤箱中取出，將格蘭諾拉麥片翻成大塊，然後放回烤箱中再烘烤 10 分鐘，每 3 到 4 分鐘攪拌一次，直至烤熟並散發出香味。

h) 另一個測試它的好方法是品嚐榛子，榛子的烹飪時間最長，它應該嘗起來有堅果味，並且烤得宜人。將格蘭諾拉麥片存放在密封容器中最多可保存幾個月。

35.蜂蜜冰淇淋

原料：

- 355 毫升（11/2 杯）濃奶油
- 355 毫升（11/2 杯）全脂牛奶
- 115 克（1/3 杯）蕎麥蜂蜜或稍多一點的淡味蜂蜜
- 5 個大蛋黃
- 鹽少許
- 1/2 茶匙 香草精
- 中型平底鍋
- 木勺子
- 中號碗
- 拂
- 細網過濾器
- 乾淨的碗
- 保鮮膜
- 冰淇淋機
- 成品冰淇淋的密封容器

指示：

a) 將打算存放成品冰淇淋的容器放入冰箱冷藏。在一個中等大小的平底鍋中，混合奶油、牛奶和蜂蜜。用中火加熱，直到幾乎沸騰，經常攪拌。從火上移開並蓋上蓋子。擱置。

b) 在一個中等大小的碗中，攪拌蛋黃。將一些熱奶油慢慢倒入蛋黃中，同時攪拌以提高溫度並防止蛋黃煮熟，從而對蛋黃進行調溫。然後，將所有東西倒回鍋中。

c) 用中火加熱混合物，不斷攪拌，攪拌時刮擦底部。當蛋奶凍加熱時，加入鹽和香草精攪拌。輕輕煮約 4 分鐘，直至混合物變稠，足以覆蓋木勺的背面。

d) 將蛋奶凍通過細網過濾器倒入乾淨的碗中。將碗放入冰浴中，偶爾攪拌蛋奶凍，直至冷卻，大約需要 20 分鐘。蓋上蓋子並冷藏至少 3 小時或過夜。

e) 將冷凍蛋奶凍倒入冰淇淋機中，然後按照製造商的說明進行操作。

f) 冰淇淋達到所需的稠度後，將其刮入預冷的容器中，蓋上蓋子，然後放入冰箱中。

36.蜂蠟冰淇淋

原料：

- 475 毫升（2 杯）濃奶油
- 235 毫升（1 杯）全脂牛奶
- 115 克（1/3 杯）蕎麥蜂蜜或稍多一點的淡味蜂蜜
- 7 個大蛋黃
- 鹽少許
- 1/2 茶匙 香草精
- 115 克（1/2 杯）蜂蠟，融化
- 中型平底鍋
- 木勺子
- 中號碗
- 拂
- 攪拌機
- 細網過濾器
- 乾淨的碗
- 保鮮膜
- 冰淇淋機
- 成品冰淇淋的密封容器

指示：

a) 將打算存放成品冰淇淋的容器放入冰箱冷藏。在一個中等大小的平底鍋中，混合奶油、牛奶和蜂蜜。用中火加熱，直到幾乎沸騰，經常攪拌。從火上移開並蓋上蓋子。擱置。

b) 在一個中等大小的碗中，攪拌蛋黃。將一些熱奶油慢慢倒入蛋黃中，同時攪拌以提高溫度並防止蛋黃煮熟，從而對蛋黃進行調溫。然後，將所有東西倒回鍋中。

c) 用中火加熱混合物，不斷攪拌，攪拌時刮擦底部。當蛋奶凍加熱時，加入鹽和香草精攪拌。輕輕煮約 4 分鐘，直至混合物變稠，足以覆蓋木勺的背面。

d) 從火上移開，慢慢地將融化的蜂蠟攪拌到熱蛋奶凍中。將全部內容物倒入攪拌機中，高速攪拌 30 秒。通過細網過濾器將混合物過濾到干淨的碗中，以捕獲任何未合併的蠟固體。將碗放入冰浴中，偶爾攪拌蛋奶凍，直至冷卻，大約需要 20 分鐘。蓋上蓋子並冷藏至少 3 小時或過夜。

e) 將冷凍蛋奶凍倒入冰淇淋機中，然後按照製造商的說明進行操作。

f) 一旦冰淇淋達到所需的稠度，將成品冰淇淋刮入預冷的容器中，蓋上蓋子，然後放入冰箱中。

37.蜂窝冰淇淋

原料：

- 2 杯 濃奶油
- 1 杯全脂牛奶
- 3/4 杯砂糖
- 4 個大蛋黃
- 1 茶匙香草精
- 1 杯碎蜂窩糖

指示：

a) 在平底鍋中，將濃奶油、全脂牛奶和砂糖混合。用中火加熱，直到混合物變熱但不沸騰，偶爾攪拌。

b) 在另一個碗中，攪拌蛋黃。

c) 逐漸將約 1/2 杯熱奶油混合物倒入蛋黃中，不斷攪拌以調節蛋黃。

d) 將調溫後的蛋黃混合物與剩餘的奶油混合物一起倒入鍋中，不斷攪拌。

e) 用中火煮混合物，不斷攪拌，直到它變稠並覆蓋在勺子的背面。不要讓它沸騰。

f) 將鍋從火上移開，加入香草精攪拌。

g) 將混合物轉移到碗中，用保鮮膜覆蓋，將保鮮膜直接壓在蛋奶凍表面，以防止結皮。

h) 將蛋奶凍放入冰箱冷藏至少 4 小時或過夜。

i) 冷卻後，將蛋奶凍倒入冰淇淋機中，並根據製造商的說明進行攪拌。

j) 在攪拌的最後幾分鐘，加入壓碎的蜂窩糖並繼續攪拌直至充分混合。

k) 將蜂窩冰淇淋轉移到有蓋的容器中，冷凍幾個小時使其變硬，然後食用。

38.蜂巢糖冷凍酸奶咬

原料：

- 希臘酸奶
- 蜂蜜
- 蜂窩糖，壓碎
- ½ 杯野生冷凍藍莓（可選）

指示：

a) 在烤盤上鋪上羊皮紙。

b) 在一個小碗中，混合希臘酸奶和蜂蜜，根據您的口味增甜。

c) 將一小塊酸奶混合物舀到烤盤上。

d) 在每個團塊上撒上碎蜂窩糖果和漿果。

e) 將烤盤放入冰箱冷藏幾個小時，直到酸奶塊被冷凍。

39.蜂窝香蕉蛋糕

原料：

- 2 杯 通用麵粉
- 1½ 茶匙泡打粉
- ½ 茶匙小蘇打
- 1/4 茶匙鹽
- ½ 杯無鹽黃油，軟化
- 1 杯砂糖
- 2 個大雞蛋
- 1 茶匙香草精
- 3 根熟香蕉，搗碎
- ½ 杯酪乳
- ½ 杯壓碎的蜂窩糖果

指示：

a) 將烤箱預熱至 350°F (175°C)，並在 9 英寸圓形蛋糕盤上塗上油脂。

b) 在一個中等大小的碗中，將麵粉、泡打粉、小蘇打和鹽攪拌在一起。擱置。

c) 在一個單獨的大碗中，將軟化的黃油和糖混合在一起，直至變得鬆軟。

d) 一次打入一個雞蛋，然後加入香草精。

e) 加入搗碎的香蕉，直至充分混合。

f) 逐漸將乾成分添加到濕成分中，與酪乳交替添加，從乾成分開始和結束。混合直至完全混合。

g) 拌入壓碎的蜂窩糖。

h) 將麵糊倒入準備好的蛋糕盤中，用抹刀抹平頂部。

i) 烘烤 35-40 分鐘，或直至用牙籤插入中心，拔出時是乾淨的。

j) 從烤箱中取出蛋糕，讓蛋糕在鍋中冷卻 10 分鐘，然後將其轉移到金屬架上完全冷卻。

k) 冷卻後，您可以在蛋糕上塗上您選擇的糖霜或按原樣食用。

40.黑巧克力蜂窝

原料：

- 8 盎司 黑巧克力，切碎
- ½ 杯壓碎的蜂窩糖果

指示：

a) 在烤盤上鋪上羊皮紙。

b) 將黑巧克力放入微波爐安全碗中融化，每 30 秒攪拌一次直至光滑。

c) 將融化的巧克力倒在準備好的烤盤上，並將其鋪成均勻的層。

d) 將壓碎的蜂窩糖撒在融化的巧克力上，輕輕按壓使其粘附。

e) 將烤盤放入冰箱約 30 分鐘或直至巧克力凝固。

f) 凝固後，將黑巧克力蜂窩打碎即可食用。

41.蜂窝糖果牛奶和穀物冰棒

原料：

- 2 杯牛奶（乳製品或植物性牛奶）
- ¼ 杯蜂蜜
- 蜂窩麥片
- 蜂窩糖，壓碎
- 切碎的漿果、香蕉或巧克力片（可選）

指示：

a) 在碗中，將牛奶和蜂蜜攪拌均勻。

b) 將幾塊壓碎的蜂窩糖果和一小把蜂窩穀物放入每個冰棒模具中。

c) 添加可選的配料。

d) 將牛奶和蜂蜜的混合物倒入模具中，填充至頂部。

e) 將冰棒棒插入每個模具中。

f) 將冰棒冷凍至少 4-6 小時或直至完全冷凍。

g) 將冰棒從模具中取出即可享用。

42.蜂窝芝士蛋糕

原料：

- 1½ 杯全麥餅乾屑
- ¼ 杯融化的黃油
- 16 盎司 奶油乾酪，軟化
- 1 杯糖
- 1 茶匙香草精
- 3 個大雞蛋
- ½ 杯壓碎的蜂窩糖果

指示：

a) 將烤箱預熱至 325°F (160°C)，並在 9 英寸彈簧盤上塗抹油脂。

b) 在攪拌碗中，將全麥餅乾屑和融化的黃油混合。將混合物壓入準備好的平底鍋底部，形成外殼。

c) 在另一個碗中，將奶油乾酪、糖和香草精攪拌至光滑細膩。

d) 一次加入一個雞蛋，每次加入後攪拌均勻。

e) 拌入壓碎的蜂窩糖。

f) 將奶油乾酪混合物倒在彈簧盤中的餅皮上。

g) 烘烤 50-60 分鐘或直至中心凝固。

h) 從烤箱中取出，讓芝士蛋糕完全冷卻，然後冷藏幾個小時或過夜。

i) 冷藏後食用，如果需要，可以用額外的碎蜂窩糖果裝飾。

43.蜂巢糖蛋糕

原料：

- 2 杯 通用麵粉
- 2 杯砂糖
- 1 杯 無鹽黃油，軟化
- 4 個大雞蛋
- 1 杯酪乳
- 1 茶匙香草精
- 1 茶匙發酵粉
- ½ 茶匙小蘇打
- 1/4 茶匙鹽
- 1 杯碎蜂窩糖
- 裝飾用鮮奶油或糖霜（可選）

指示：

a) 將烤箱預熱至 350°F (175°C)，在兩個 9 英寸圓形蛋糕盤上塗油脂並撒上麵粉。

b) 在一個大攪拌碗中，將軟化的黃油和砂糖攪拌在一起，直至鬆軟。

c) 一次打入雞蛋，然後加入香草精。

d) 在另一個碗中，將麵粉、發酵粉、小蘇打和鹽攪拌在一起。

e) 逐漸將乾成分添加到濕成分中，與酪乳交替添加，從乾成分開始和結束。混合直至完全混合。

f) 拌入壓碎的蜂窩糖。

g) 將麵糊均勻地分配在準備好的蛋糕盤之間，並用抹刀抹平頂部。

h) 在預熱的烤箱中烘烤 25-30 分鐘，或直至用牙籤插入中心，取出時是乾淨的。

i) 從烤箱中取出，讓蛋糕在平底鍋中冷卻 10 分鐘，然後將其轉移到金屬架上完全冷卻。

j) 冷卻後，如果需要，您可以在蛋糕上塗上生奶油或糖霜。將各層組裝起來，製作出蛋糕式蛋糕。

原料：

- 1 品脫蜂窩冰淇淋
- 12 塊您選擇的餅乾（巧克力片、糖等）
- 壓碎的蜂窩糖用於滾動

指示：

a) 讓蜂窩冰淇淋在室溫下稍微軟化。

b) 取一勺冰淇淋並將其放在一塊餅乾的平坦一側。

c) 在冰淇淋上放上另一塊餅乾，輕輕按壓以形成三明治。

d) 將冰淇淋三明治的邊緣捲入壓碎的蜂窩糖中，以覆蓋兩側。

e) 對剩下的餅乾和冰淇淋重複這個過程。

f) 將蜂窩冰淇淋三明治放入冰箱至少 1 小時或直至變硬。

g) 提供冰鎮冰淇淋三明治，享受令人愉快的蜂窩美食。

45.蜂蜜咖啡蛋糕

原料：

對於蛋糕：

- 2 杯 通用麵粉
- 1½ 茶匙泡打粉
- ½ 茶匙小蘇打
- 1/4 茶匙鹽
- ½ 杯無鹽黃油，軟化
- 3/4 杯砂糖
- 2 個大雞蛋
- 1 茶匙香草精
- ½ 杯酸奶油
- ¼ 杯蜂蜜
- 1/4 杯牛奶

對於糖粉奶油細末配料：

- ½ 杯通用麵粉
- ¼ 杯 砂糖
- ¼ 杯包裝紅糖
- ½ 茶匙肉桂粉
- ¼ 杯無鹽黃油，融化

用於上光油：

- 1 杯 糖粉
- 1 湯匙蜂蜜
- 2 湯匙牛奶

指示：

a) 將烤箱預熱至 350°F (175°C)。在 9 英寸圓形蛋糕盤上塗上油脂並撒上麵粉。

b) 在一個中等大小的碗中，將麵粉、泡打粉、小蘇打和鹽攪拌在一起。擱置。

c) 在一個大攪拌碗中，將軟化的黃油和砂糖攪拌在一起，直至鬆軟。

d) 一次打入一個雞蛋，然後加入香草精。

e) 將酸奶油、蜂蜜和牛奶加入黃油混合物中，攪拌直至充分混合。

f) 逐漸將乾成分添加到濕成分中，攪拌直至完全混合。小心不要過度混合。

g) 將麵糊倒入準備好的蛋糕盤中，均勻鋪開。

h) 在一個單獨的小碗中，混合麵粉、砂糖、紅糖和肉桂，作為糖粉奶油細末配料。

i) 倒入融化的黃油，攪拌直至混合物呈粗麵包屑狀。

j) 將糖粉奶油細末均勻地撒在蛋糕麵糊上。

k) 在預熱的烤箱中烘烤 30-35 分鐘，或直至用牙籤插入中心，取出時是乾淨的。

l) 將蛋糕從烤箱中取出，在鍋中冷卻 10 分鐘，然後將其轉移到金屬架上完全冷卻。

m) 當蛋糕冷卻時，將糖粉、蜂蜜和牛奶攪拌在一起直至光滑，以準備釉料。

n) 蛋糕冷卻後，將釉料淋在蛋糕頂部。

o) 切片並享用美味的蜂蜜咖啡蛋糕。

p) 享用這款濕潤可口的蜂蜜咖啡蛋糕，搭配一杯咖啡或茶！

46.蜂窩檸檬蛋糕

原料：

對於蛋糕：

- 2 杯 通用麵粉
- 2 茶匙發酵粉
- ½ 茶匙小蘇打
- 1/4 茶匙鹽
- ½ 杯無鹽黃油，軟化
- 1 杯砂糖
- 3 個大雞蛋
- 2 個檸檬皮碎
- ¼ 杯新鮮檸檬汁
- ½ 杯酪乳
- ¼ 杯蜂蜜
- 1 茶匙香草精

對於蜂窩狀填充物：

- 1 杯蜂窩糖，壓碎成小塊

對於檸檬釉：

- 1 杯 糖粉
- 2 湯匙新鮮檸檬汁

指示：

a) 將烤箱預熱至 350°F (175°C)。在 9 英寸圓形蛋糕盤上塗上油脂並撒上麵粉。

b) 在一個中等大小的碗中，將麵粉、泡打粉、小蘇打和鹽攪拌在一起。擱置。

c) 在一個大攪拌碗中，將軟化的黃油和砂糖攪拌在一起，直至鬆軟。

d) 一次打入一個雞蛋，然後加入檸檬皮和檸檬汁。

e) 將酪乳、蜂蜜和香草精加入黃油混合物中，攪拌直至充分混合。

f) 逐漸將乾成分添加到濕成分中，攪拌直至完全混合。小心不要過度混合。

g) 將一半蛋糕糊倒入準備好的蛋糕盤中，均勻鋪開。

h) 將壓碎的蜂窩糖撒在麵糊上，確保分佈均勻。

i) 將剩餘的蛋糕糊倒在蜂窩糖層上，將其鋪開以覆蓋餡料。

j) 在預熱的烤箱中烘烤 30-35 分鐘，或直至用牙籤插入中心，取出時是乾淨的。

k) 將蛋糕從烤箱中取出，在鍋中冷卻 10 分鐘，然後將其轉移到金屬架上完全冷卻。

l) 當蛋糕冷卻時，將糖粉和新鮮檸檬汁攪拌至光滑，準備檸檬釉。

m) 蛋糕冷卻後，將檸檬釉淋在蛋糕頂部。

n) 切片並享用美味的蜂窩檸檬蛋糕。

餅乾和糖果

47.蜂蜜餅乾

原料：

- 225 克（1/2 杯）黃油，軟化
- 115 克（1/2 杯）深紅糖，包裝
- 170 克（1/2 杯）蜂蜜
- 1 個雞蛋
- 188 克（11/2 杯）通用麵粉
- 1/2 茶匙小蘇打
- 1/2 茶匙鹽
- 1/2 茶匙 肉桂
- 烤盤

指示：

a) 將烤箱預熱至 375°F（180°C，或氣體標記 4）。

b) 將黃油、紅糖、蜂蜜和雞蛋放入一個中等大小的碗中，攪拌至光滑，偶爾刮擦側面。加入所有剩餘的成分。

c) 用勺子將麵團放在塗有油脂或有襯裡的烤盤上。烘烤約 7 至 10 分鐘，或直至餅乾凝固且邊緣開始變成棕色。完成後，餅乾看起來仍然閃亮。

d) 將它們從烤盤上取下，放在冷卻架上，然後完全冷卻。這些最好新鮮享用，但如果有必要，它們可以在密封容器中保存幾天。

48.能量咬

原料：

- 160 克（2 杯）燕麥
- 1 杯（重量會有所不同）種子
- 1/2 杯（重量會有所不同）堅果，切碎
- 1/2 杯（重量會有所不同）乾果，如果需要的話切碎
- 44 克（2 湯匙）亞麻籽，磨碎
- 230 克（2/3 杯）蜂蜜
- 1/2 至 3/4 杯（130 至 195 克）堅果醬
- 1 湯匙（15 毫升）香草精
- 36 克（4 湯匙）花粉
- 中號碗
- 小碗
- 木勺子

指示：

1. 將所有乾原料放入一個中等大小的碗中。擱置。

2. 將蜂蜜和堅果醬放入小碗中。稍微加熱混合物，使其更容易攪拌。添加香草精和花粉。攪拌混合。

3. 將蜂蜜堅果黃油混合物添加到干成分中並充分混合。

4. 形成直徑約 11/2 英寸（4 厘米）的一口大小的球。存放在冰箱的密封容器中。如果存放在冰箱中，它們可以保存幾週。

49.蜂蜜焦糖

原料：

- 235 毫升（1 杯）濃奶油
- 1 顆香草豆，縱向剖開
- 15 克（3 湯匙）不加糖可可粉（可選）
- 267 克（11/3 杯）糖
- 230 克（2/3 杯）蜂蜜
- 1 根（4 盎司或 112 克）無鹽黃油，軟化並切成塊
- 1 茶匙粗海鹽
- 烤盤，9 英寸 x 9 英寸（23 厘米 x 23 厘米）
- 蠟紙
- 小平底鍋
- 大平底鍋
- 拂
- 糖果溫度計
- 鋒利的刀子
- 切菜板

指示：

1. 在烤盤上鋪上蠟紙，兩側留出長的突出部分。

2. 在一個小平底鍋中，將奶油和香草豆瓣混合，小火煮 10 分鐘。取出香草豆，刮出種子，加入奶油中。如果需要，添加可可粉，攪拌混合。用小火保持溫暖。

3. 在一個大平底鍋中，將糖和蜂蜜混合。無需攪拌，用中火溶解蜂蜜和糖混合物，直至光滑並融化。繼續加熱混合物，直至其顏色變深，變成深焦糖色，大約需要 5 分鐘。仔細觀察——糖燃燒得很快！

4. 從火上移開，一次加入一塊黃油攪拌。添加所有黃油後，加入熱香草奶油混合物。

5. 用中火將鍋煮沸，並繼續煮沸，直至混合物達到硬球階段（參見側邊欄）。從火上移開，將焦糖倒入準備好的平底鍋中。

6. 將平底鍋放入冰箱約 10 分鐘，使其稍微凝固，然後在焦糖上撒上海鹽。讓焦糖在室溫下放置約一個小時或直至完全冷卻。

7. 要從鍋中取出，請輕輕拉動蠟紙，然後將焦糖塊從鍋中取出。用鋒利的刀切成正方形並用小塊蠟紙包裹。

8. 將包好的焦糖放在密封容器中，防止它們吸潮而外面變粘。假設它們沒有先被吃掉，它們應該可以保存幾週。

50.薄荷餅

原料：

- 3.5 至 4 盎司（100 至 115 克）苦甜巧克力
- 60 克（3 湯匙）固體蜂蜜
- 1/4 茶匙 薄荷油（食品級）
- 雙層鍋
- 1/2 茶匙量匙
- 矽膠迷你鬆餅模
- 小碗
- 勺子
- 糖果箔

指示：

a) 將巧克力放入雙鍋中融化。融化後，將約 1/2 茶匙的巧克力淋入每個矽膠迷你鬆餅杯的底部。用勺子將巧克力稍微鋪展到兩側並使其變硬。

b) 在一個小碗中，混合蜂蜜和薄荷油。

c) 一旦第一層巧克力變硬，將一小塊蜂蜜混合物舀到每個杯子的中心，然後在上面放上剩餘的融化巧克力。我通常從外面開始下毛毛雨，然後向中間方向努力。徹底冷卻並從模具中彈出。

d) 存放在密封容器中。可以保存幾個月。

伴奏

51.蜂蜜芥末醬

原料：

- 44 克（1/4 杯）黃芥末籽
- 60 毫升（1/4 杯）水
- 28 毫升（2 湯匙）蘋果醋
- 1/4 茶匙 鹽
- 2 至 4 湯匙（40 至 85 克）蜂蜜
- 廣口品脫裝（475 毫升）罐頭罐
- 浸入式攪拌機
- 量杯和勺子

指示：

a) 將芥菜籽放入一品脫（475 毫升）罐頭罐中。加水並靜置幾分鐘。加入醋，蓋上罐子，然後冷藏過夜。

b) 到第二天，種子將吸收大部分液體。使用浸入式攪拌機根據需要將罐子中的內容物打成泥。加入鹽和蜂蜜，攪拌均勻。

c) 蓋上蓋子，將芥末冷藏幾天，使其稍微醇化後再評估味道。可在冰箱中保存幾個月。

52.蜂蜜鱷梨醬

原料：

- 120 毫升（1/2 杯）葡萄籽油
- 40 克（2 湯匙）蜂蜜或發酵蜂蜜大蒜（此處所示）
- 2 瓣大蒜
- 1 個中等大小的鱷梨，去皮、去核並切碎
- 60 毫升（1/4 杯）酸橙汁
- 4 克（1/4 杯）切碎的香菜
- 鹽和黑胡椒調味
- 攪拌機
- 抹刀
- 密閉容器

指示：

a) 在攪拌機中，將油、蜂蜜、大蒜、鱷梨、酸橙汁和香菜混合，並用鹽和胡椒調味。打成泥直至光滑。

b) 使用抹刀將敷料轉移到密封容器中。

c) 冷藏最多 3 天。

53.蜂蜜油醋汁加花粉

原料：

- 60 毫升（1/4 杯）特級初榨橄欖油
- 60 毫升（1/4 杯）檸檬汁
- 60 毫升（1/4 杯）蘋果醋
- 30 克（2 湯匙）蜂蜜芥末
- 14 克（11/2 湯匙）蜂花粉
- 1 瓣大蒜，切碎
- 1 到 2 茶匙蜂蜜（取決於蜂蜜芥末的甜度）
- 1/2 茶匙 小茴香
- 1/2 茶匙 甜辣椒粉
- 鹽和胡椒粉調味
- 品脫（475 毫升）罐子或帶蓋玻璃水瓶

指示：

a) 在罐子或玻璃水瓶中，將所有成分混合在一起。

b) 冷藏幾個小時，讓味道融合，讓花粉顆粒分解。

c) 食用前攪拌均勻。

d) 在冰箱中可保存約 1 週。

54.蜂蜜燒烤醬

原料：

- 240 克（1 杯）番茄醬
- 235 毫升（1 杯）白醋
- 40 克（2 湯匙）糖蜜
- 340 克（1 杯）蜂蜜
- 1 茶匙鹽
- 1/2 茶匙 胡椒粉
- 2 茶匙幹芥末
- 1 茶匙辣椒粉
- 11/2 茶匙 大蒜粉
- 11/2 茶匙 洋蔥粉
- 中型平底鍋
- 拂
- 密閉容器

指示：

a) 在一個中型平底鍋中，攪拌所有原料並用中火加熱。將燒烤醬煮 10 至 15 分鐘。

b) 從火上移開並冷卻。

c) 轉移到密封容器中並存放在冰箱中直至準備使用。1 個月內使用。

原料：

- 蜂蜜
- 吸煙木片
- 吸煙者或燒烤者
- 鋁箔托盤
- 木勺子
- 鋁箔托盤蓋、鋁箔或保鮮膜
- 密閉容器

指示：

a) 將蜂蜜倒入鋁箔托盤中（確保蜂蜜厚度不超過 1/2 英寸 [1 厘米]，以實現最大程度的暴露）。

b) 將鋁箔托盤放在吸煙器或烤架的金屬架上。

c) 對於較小的吸煙者，冷熏蜂蜜 30 分鐘；對於較大的吸煙者，冷熏 60 分鐘。每 15 至 20 分鐘攪拌一次。

d) 從吸煙器或烤架上取下托盤。

e) 用蓋子、箔紙或塑料食品包裝紙蓋住托盤，並在室溫下放置（室內）24 小時。

f) 品嚐煙熏蜂蜜，如果煙熏味道太濃，不符合您的喜好，可與非煙熏蜂蜜混合。

g) 將熏制的蜂蜜倒入密封容器中，例如帶蓋的玻璃罐。

h) 它可以立即使用，也可以像普通蜂蜜一樣在室溫下儲存。使用前將蜂蜜攪拌均勻。

發酵食品

原料：

- 2 罐（每罐 6 盎司，或 170 克）番茄醬
- 60 克（3 湯匙）蜂蜜
- 45 毫升（3 湯匙）蘋果醋
- 28 毫升（2 湯匙）乳清
- 1/4 茶匙 洋蔥粉
- 1/2 茶匙鹽
- 1/8 茶匙 黑胡椒
- 1/8 茶匙 五香粉
- 乾淨的品脫（475 毫升）罐子
- 罐頭蓋或帶氣鎖的蓋

指示：

a) 將所有原料放入一品脫（475 毫升）罐頭罐中，根據需要品嚐並調整調味料。用氣閘或普通蓋子蓋住。

b) 將自製番茄醬在室溫下放置 2 至 3 天。如果使用普通蓋子，請每天左右打開罐子以釋放氣體。如果使用氣閘室則不需要這樣做。

c) 將番茄醬在冰箱中再存放 3 天，然後再享用。保存數週。

原料：

● 3 到 5 顆大蒜

● 約 1 杯（340 克）生蜂蜜

● 乾淨的帶蓋品脫（475 毫升）罐子

指示：

a) 將蒜瓣剝皮並輕輕壓碎。

b) 將一品脫罐子（475 毫升）裝滿約四分之三的大蒜，然後加入足夠的蜂蜜覆蓋，同時在罐子中留出足夠的頂部空間，以便發酵產生氣泡，至少 1 至 2 英寸（2.5 至 5 厘米）。擰上罐子的蓋子，將其放在櫃檯上 1 個月。

c) 每天，打開蓋子並釋放積聚的空氣，使罐子打嗝。1 個月後，放入冰箱保存。

58.發酵蜂蜜蔓越莓

原料：

- 1 袋（12 盎司，或 340 克）新鮮蔓越莓
- 一個橙子皮
- 覆蓋蜂蜜，約 12 盎司或 340 克
- 過濾器
- 食品加工機
- 乾淨的夸脫（950 毫升）帶蓋罐頭瓶

指示：

a) 沖洗並分類蔓越莓，然後在食品加工機中輕輕攪拌漿果。目標是把它們打開，而不是把它們弄成泥。

b) 將漿果和橙皮加入一夸脫（950 毫升）罐頭罐中。將蜂蜜倒在蔓越莓上，慢慢填滿罐子，停在距頂部約 1 至 2 英寸（2.5 至 5 厘米）處。

c) 關閉罐子並將罐子放在溫暖、黑暗的地方。每天轉動罐子，持續 1 到 2 週，直到蜂蜜變稀，然後讓蔓越莓再發酵 4 到 6 週。存放在陰涼處。

59.發酵益生菌蜂蜜漿果蘇打水

原料：

● 1.2 升（5 杯）水
● 5 杯（重量會有所不同）漿果（壓碎）
● 170 克（3/4 杯）蜂蜜
● 1/2 杯（120 毫升）新鮮乳清（請參閱"過濾酸奶中的乳清"，此處所示）
● 加水適量
● 大平底鍋
● 溫度計
● 過濾器或篩子
● 帶氣鎖蓋的清潔 1/2 加侖（1.9 L）玻璃罐頭瓶
● 木勺子
● 清潔翻蓋瓶

指示：

a) 在平底鍋中，將水和漿果輕輕煮約 30 分鐘。讓混合物冷卻至約 100°F (38°C)。

b) 將漿果液體通過篩子過濾到準備好的發酵罐中。將蜂蜜加入罐子中，攪拌使其完全溶解。添加乳清和額外的水來調味。混合物會很甜，但大部分甜味會在發酵過程中被消耗掉。

c) 用氣鎖蓋密封罐子，然後放在櫃檯上溫暖的地方大約 3 天。檢查是否有嘶嘶聲和酸味。發酵可能需要 1 週或更長時間，具體取決於發酵過程中的溫度和乳清的濃度。房間越暖和，發酵時間越長，蘇打水就會越嘶嘶、越酸。

d) 一旦達到理想的酸度和嘶嘶聲，將蘇打水轉移到翻蓋瓶中並冷藏以減緩發酵，直到蘇打水可以飲用為止。蘇打水通常在兩週內飲用效果最佳。

原料：

- 1/2 個菠蘿，切成塊（保留皮。）
- 170 克（1/2 杯）黑蜂蜜
- 950 毫升（4 杯）水
- 2 整個丁香
- 2 個羅望子莢
- 1 根肉桂棒
- 刀和切菜板
- 乾淨的 1/2 加侖（1.9 L）玻璃罐
- 木勺子
- 棉布或毛巾
- 過濾器

指示：

a) 將菠蘿洗淨，切成塊。

b) 將蜂蜜和水放入 1/2 加侖（1.9 升）罐中混合，直至完全溶解。

c) 將菠蘿塊放入罐子中，並用棉布或毛巾蓋住。將罐子放在陰涼、乾燥、避免陽光直射的地方，讓它發酵 3 到 4 天。它會變得混濁並產生可撇去的無害的白色泡沫。

d) 將完成的特佩切濾入水罐中並冷藏直至充分冷卻。加冰食用。最好在拉緊後幾天內食用。

飲料

61.基礎蜂蜜糖漿

原料：

- 170 克（1/2 杯）蜂蜜
- 120 毫升（1/2 杯）水
- 中型平底鍋
- 木勺子

指示：

a) 用中火加熱蜂蜜和水，直至蜂蜜完全溶解且混合物均勻。不要煮沸。

b) 使用前讓其完全冷卻。它可以在冰箱中保存長達 2 週。

62.乾薑

原料：

- 2 湯匙（28 毫升）濃姜蜂蜜簡單醣漿
- 175 毫升（6 盎司）蘇打水
- 冰
- 酸橙皮捻
- 雞尾酒杯
- 雞尾酒攪拌棒

指示：

a) 將糖漿和蘇打水倒在冰上。

b) 輕輕攪拌混合。

c) 加入酸橙皮即可享用。

原料：

- 120 毫升（1/2 杯）新鮮柑橘汁或橘子汁
- 1/2 茶匙 檸檬汁
- 2 湯匙（28 毫升）基礎蜂蜜簡單醣漿
- 120 毫升（1/2 杯）覆盆子蘇打水
- 冰
- 一把新鮮覆盆子作為裝飾
- 雞尾酒杯
- 雞尾酒攪拌棒

指示：

a) 將所有原料倒在冰上。

b) 輕輕攪拌混合。

c) 用覆盆子裝飾。

64.黃瓜檸檬草蜂蜜雞尾酒

原料：

- 175 毫升（3/4 杯）黃瓜汁（約 225 克 [1/2 磅] 未去皮黃瓜）和一根用於裝飾的黃瓜矛
- 28 毫升（2 湯匙）檸檬草蜂蜜簡單醣漿
- 1 杯（1.5 盎司或 42 毫升）伏特加或杜松子酒
- 冰
- 榨汁機或攪拌機
- 雞尾酒杯
- 雞尾酒攪拌棒

指示：

a) 將 1/2 磅（225 克）黃瓜（或更多，如果需要）放入榨汁機中榨汁，得到 3/4 杯（175 毫升）黃瓜汁。

b) 將檸檬草蜂蜜單醣漿、黃瓜汁和伏特加或杜松子酒倒在冰上。

c) 輕輕攪拌混合。

d) 用黃瓜矛裝飾。

65.杏小荳蔻雞尾酒

原料：

- 90 毫升（3 盎司）杏花蜜
- 28 毫升（2 湯匙）小荳蔻蜂蜜簡單醣漿
- 1/2 湯匙 薰衣草蜂蜜簡單醣漿
- 飛濺的柚子汁
- 1 杯（1.5 盎司或 42 毫升）白蘭地
- 冰
- 雞尾酒杯
- 雞尾酒攪拌棒

指示：

a) 將所有原料倒在冰上。

b) 輕輕攪拌混合。

原料：

- 60 毫升（2 盎司）龍舌蘭酒
- 3 湯匙（45 毫升）基本蜂蜜糖漿（或嘗試蜂蜜糖漿變體，例如小荳蔻）
- 11/2 湯匙（23 毫升）新鮮檸檬汁
- 冰
- 2 滴安古斯圖拉苦精
- 檸檬皮扭作裝飾
- 雞尾酒調酒器
- 雞尾酒杯

指示：

a) 將龍舌蘭酒、蜂蜜糖漿和檸檬汁放入裝有冰塊的搖酒壺中，搖勻直至冷卻。

b) 倒入雞尾酒杯中，加入兩滴苦精。

c) 用檸檬皮裝飾。

原料：

- 765 克（21/4 杯）蜂蜜
- 950 毫升（1 夸脫）水
- 8 整個丁香
- 3 根肉桂棒
- 10 個小荳蔻莢，破裂
- 1/2 整個肉荳蔻，破裂
- 5 個五香粉，敲碎
- 11/2 茶匙 黑胡椒
- 1 茶匙茴香籽
- 3 英寸（7.5 厘米）姜根，切成厚片
- 1 個橙子皮，僅果皮，無果核
- 1/2 檸檬皮，僅皮，無髓
- 1 顆香草豆，劈開並刮碎
- 1 瓶（750 毫升）190 度穀物酒精
- 大鍋
- 木勺子
- 過濾器
- 帶蓋瓶子，足以容納 2 夸脫（1.9 升）

指示：

a) 收穫蜂蜜後立即製作一批蜂蜜，以便為節日送禮季節做好準備。

b) 1. 在一個大鍋中，將蜂蜜和水煮沸。撇去表面的泡沫。

c) 2. 添加除穀物酒精之外的所有其他成分。不蓋蓋子煮 30 分鐘。

d) 3. 關掉火，將穀物酒精加入到仍然熱的混合物中，攪拌混合。過濾混合物。

e) 4. 倒入乾淨、無菌的瓶子中，放置至少 2 週，如果可能的話，放置更長時間。

68.接骨木滋補品

原料：

- 290 克（2 杯）新鮮接骨木漿果
- 700 毫升（3 杯）水
- 340 克（1 杯）蜂蜜
- 1 瓶（750 毫升）純穀物酒精、伏特加或白蘭地
- 中型平底鍋
- 土豆搗碎機
- 過濾器
- 帶蓋瓶子，足以容納 1 夸脫（950 毫升）

指示：

f)　1. 將接骨木漿果和水放入鍋中。用土豆搗碎器搗碎漿果，釋放汁液。煮沸並冷卻。

g)　2. 加入蜂蜜和酒精攪拌。

h)　3. 倒入乾淨、無菌的瓶子中，並放置至少 1 個月。

原料：:

- 85 克（1/4 杯）生蜂蜜
- 1 茶匙檸檬皮屑
- 7 克（1 湯匙）薑黃粉
- 2 湯匙（28 毫升）未過濾的生蘋果醋
- 拂
- 小碗
- 密閉容器

指示：

a)　　將所有成分放入一個小碗中攪拌直至光滑。倒入密封容器並冷藏最多 1 週。

b)　　使用時，只需將 1 湯匙（15 毫升）加入溫水中即可飲用。

原料：

● 2 盎司伏特加

● ½ 盎司蜂蜜糖漿（將等量的蜂蜜和溫水混合）

● ½ 盎司新鮮檸檬汁

● ½ 盎司 三秒

● 裝飾用碎蜂窩糖

指示：

a)　在雞尾酒調酒器中裝滿冰塊。

b)　將伏特加、蜂蜜糖漿、新鮮檸檬汁和橙汁加入搖酒壺中。

c)　充分搖勻直至混合物冷卻。

d)　將雞尾酒濾入冰鎮的馬提尼杯中。

e)　用碎蜂窩糖裝飾玻璃杯的邊緣。

f)　將蜂巢馬提尼冷藏後享用！

71.蜂窩瑪格麗特

原料：

- 2 盎司龍舌蘭酒
- 1 盎司酸橙汁
- ½ 盎司橙味利口酒（例如 Triple Sec）
- 1 湯匙蜂蜜
- ¼ 杯壓碎的蜂窩糖果
- 青檸塊和額外的蜂蜜用於給玻璃杯鑲邊（可選）

指示：

a) 在瑪格麗特玻璃杯的邊緣塗上蜂蜜（可選），然後將其浸入碎蜂窩糖中以覆蓋邊緣。

b) 在裝滿冰塊的搖酒壺中，將龍舌蘭酒、酸橙汁、橙子利口酒和蜂蜜混合。

c) 劇烈搖晃直至充分混合併冷卻。

d) 將瑪格麗塔酒濾入準備好的裝滿冰塊的玻璃杯中。

e) 用青檸角裝飾，享用蜂窩瑪格麗塔。

72.蜂窩熱帶無酒精雞尾酒

原料：

- ½ 杯菠蘿汁
- ½ 杯橙汁
- ¼ 杯檸檬汁
- ¼ 杯百香果汁
- ¼ 杯蜂蜜
- 1/4 杯蜂巢糖，壓碎
- 蘇打水或蘇打水
- 裝飾用檸檬片和薄荷葉（可選）

指示：

a) 在水罐中，將菠蘿汁、橙汁、檸檬汁、百香果汁、蜂蜜和碎蜂窩糖混合。

b) 攪拌直至蜂窩糖溶解。

c) 將玻璃杯裝滿冰塊。

d) 將蜂窩狀糖果混合物倒在冰上，每個玻璃杯裝滿一半左右。

e) 上面加蘇打水或蘇打水。

f) 如果需要，可以用檸檬片和薄荷葉裝飾。

g) 享用並享用這款清爽、起泡的蜂窩糖果無酒精雞尾酒。

73.老式蜂窝糖果

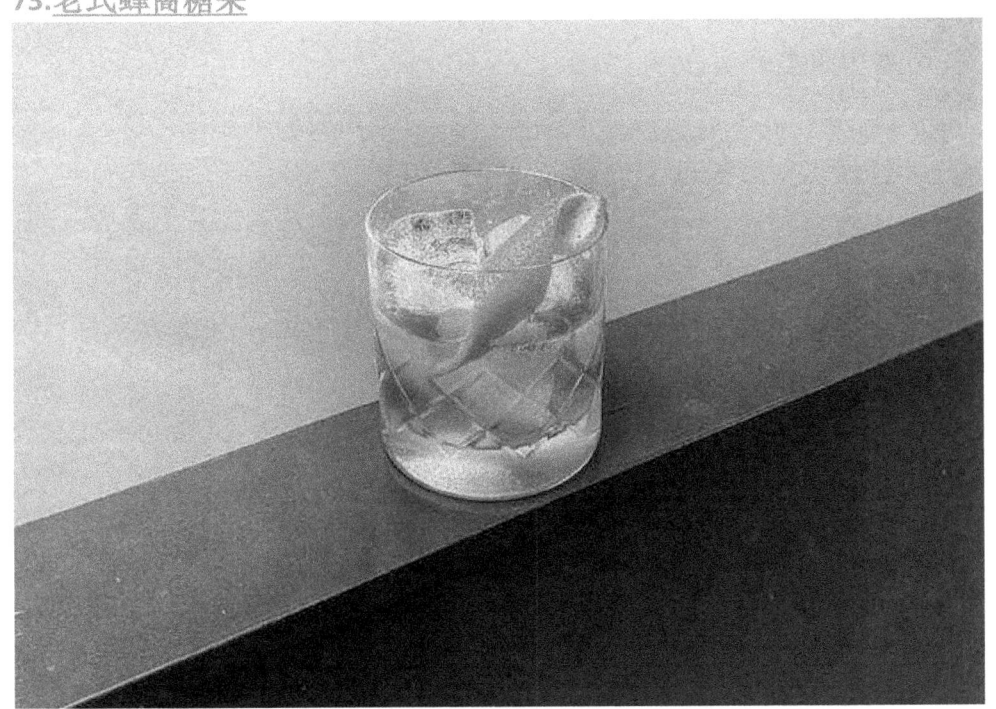

原料：

- 2 盎司波本威士忌
- ½ 盎司蜂蜜糖漿（等量的蜂蜜和水，加熱並冷卻）
- 少許安古斯圖拉苦酒
- 蜂窩糖，裝飾用
- 橙皮，裝飾用

指示：

a) 在老式玻璃杯中，將一小塊蜂窩糖和蜂蜜糖漿混合。

b) 將波本威士忌和苦精酒加入玻璃杯中，輕輕攪拌。

c) 將玻璃杯裝滿冰塊。

d) 用一塊蜂窩糖和一縷橙皮裝飾。

e) 享受這款濃郁可口的蜂窩糖果老式雞尾酒。

74.蜂窩糖果莫吉托無酒精雞尾酒

原料：

- ½ 個青檸，切成楔形
- 10 片新鮮薄荷葉
- 2 湯匙蜂窩糖果糖漿
- 蘇打水
- 碎冰
- 薄荷枝，裝飾用

指示：

a) 在玻璃杯中，將酸橙塊、薄荷葉和蜂窩糖果糖漿攪勻。

b) 將玻璃杯裝滿碎冰。

c) 加入蘇打水並輕輕攪拌。

d) 用薄荷枝裝飾。

原料：

- 2 杯 菠蘿汁
- 1 杯橙汁
- ½ 杯蜂窩糖果糖漿
- ¼ 杯檸檬汁
- 2 杯薑汁汽水
- 碎冰
- 檸檬片和蜂窩糖，裝飾用

指示：

a) 在潘趣酒碗中，將菠蘿汁、橙汁、蜂窩糖果糖漿和檸檬汁混合。

b) 充分攪拌以混合味道。

c) 將碎冰添加到潘趣酒碗中。

d) 食用前，倒入薑汁汽水並輕輕攪拌。

e) 用檸檬片和蜂窩糖裝飾。

f) 享受這款果味濃郁、起泡的蜂窩糖果潘趣酒。

76.蜂窩穀物白俄羅斯

原料：

- 1 盎司伏特加
- 1 盎司 咖啡利口酒
- 1 盎司奶油或牛奶
- 1 湯匙蜂窩麥片
- 蜂窩糖，裝飾用

指示：

a) 在玻璃杯中混合伏特加、咖啡利口酒和奶油。

b) 攪拌均勻。

c) 加入蜂窩麥片，讓它在混合物中浸泡幾分鐘。

d) 將玻璃杯裝滿冰塊。

e) 用一塊蜂窩糖裝飾。

f) 享受這款奶油香脆的蜂窩狀麥片，白俄羅斯。

77.蜂窝糖果雪碧

原料：

- ½ 杯蘇打水
- ½ 杯檸檬汽水
- 2 湯匙蜂窩糖果糖漿
- 碎冰
- 檸檬片和薄荷葉，裝飾用

指示：

a) 在玻璃杯中混合蘇打水、檸檬蘇打水和蜂窩糖果糖漿。

b) 輕輕攪拌以混合味道。

c) 將玻璃杯裝滿碎冰。

d) 用檸檬片和薄荷葉裝飾。

e) 享受這款氣泡清爽的蜂窩糖果雪碧無酒精雞尾酒。

78.蜂巢糖果威士忌粉碎

原料：

- 2 盎司 威士忌
- ½ 盎司檸檬汁
- ½ 盎司蜂窩糖果糖漿
- 新鮮薄荷葉
- 碎冰
- 檸檬片和薄荷枝，裝飾用

指示：

a) 在雞尾酒調酒器中，將幾片薄荷葉與檸檬汁和蜂窩糖果糖漿混合。

b) 將威士忌和冰塊加入搖酒壺中。

c) 搖勻以混合味道。

d) 在玻璃杯中裝滿碎冰。

e) 將雞尾酒濾入玻璃杯中。

f) 用檸檬片和薄荷枝裝飾。

g) 享受這款草本香甜的蜂窩糖果威士忌粉碎。

79.蜂巢糖椰林飄香

原料：

● 1 杯 菠蘿汁
● ½ 杯椰奶
● ¼ 杯 蜂窩糖果糖漿
● 碎冰
● 菠蘿角和櫻桃裝飾

指示：

a) 在攪拌機中，將菠蘿汁、椰奶和蜂窩糖果糖漿混合。
b) 將少量碎冰加入攪拌機中，攪拌至光滑。
c) 將無酒精雞尾酒倒入玻璃杯中。
d) 用菠蘿角和櫻桃裝飾。

注入蜂蜜

80.檸檬蜂蜜

原料：

- 1 杯蜂蜜
- 1 湯匙 磨碎的檸檬皮
- 2 片新鮮檸檬

指示：

a) 用於調味品、醃料、飲料、糖果和烘焙食品。

b) 對於可以立即使用的輸液，可以使用果汁和果皮。

81.橙汁蜂蜜

原料：

- 4 個有機橙子皮
- 3/4 杯蜂蜜

指示：

a) 將橙皮放入空罐子中。

b) 倒入生蜂蜜並確保所有成分完全浸沒。

c) 蓋緊蓋子並將其放置在陽光下。

d) 每天至少翻轉罐子一次。

e) 讓這種混合物輸注至少一周或最多 3-4 週。

f) 過濾並存放在陰涼避光的地方以保持新鮮。

g) 這是蛋糕和鬆餅的絕佳添加物，也可以拌入酸奶或乾酪中，味道鮮美。

原料：

- 3/4 杯蜂蜜
- 3 湯匙黃油
- 1 茶匙檸檬汁
- ¼ 茶匙香草精

指示：

a) 加熱蜂蜜和黃油。

b) 冷卻並加入檸檬汁和香草精。

c) 與煎餅或華夫餅一起食用。

83.桃子蜂蜜

原料：

- 1 磅新鮮桃子，去皮，去核，切片，或乾桃子
- 3 湯匙蜂蜜
- 1 茶匙 鮮榨檸檬汁

指示：

a) 將所有原料放入食品加工機中攪拌 3 分鐘，製成光滑的果泥。倒入擠壓瓶中。

b) 桃蜜可在冰箱中保存 1 至 2 週。

84.梨蘋果蜂蜜

原料：

- 6 個梨，去皮、去核
- 2 個蘋果，去皮、去核
- 1 個橙子的皮
- 1½ 磅糖

指示：

a) 將梨、蘋果和橙子磨碎。

b) 加入糖，煮 20 分鐘，經常攪拌。

c) 加入磨碎的橙皮。煮至濃稠。

85.粉紅葡萄柚蜂蜜

原料：

- ½ 加侖 粉紅色或寶石紅色葡萄柚汁
- 2 湯匙蜂蜜
- ½ 杯 三秒利口酒

指示：

a) 將果汁、蜂蜜和利口酒混合。

b) 冷藏。

c) 作為甜點。

86.榅桲蜂蜜

原料：

- 3 個大楹桲
- 1 個大蘋果
- 1 品脫水

指示：

a) 將楹桲和蘋果磨碎或磨碎。

b) 將水放在水果上，煮 20 分鐘。

c) 請按照果膠包裝上的說明了解糖和烹飪說明。

87.肉桂蘋果蜂蜜

原料：

- 1 夸脫甜蘋果汁
- 8 杯，去皮、去核、切成四等分的烹飪蘋果
- 1 檸檬，去皮，切片，去籽
- 1 杯 蜂蜜
- ½ 杯 袋裝紅糖
- 1 湯匙 肉桂粉

指示：

a) 將蘋果酒在不蓋蓋子的荷蘭烤箱中加熱至沸騰約 15 分鐘。

b) 添加蘋果和檸檬。加熱至沸騰；減少熱量。

c) 不蓋蓋子煮約 1 小時，偶爾攪拌直至蘋果變軟。

d) 加入蜂蜜和肉桂攪拌。

e) 加熱至沸騰；減少熱量。

f) 不蓋蓋子，小火煮約 1-½ 小時，偶爾攪拌，直至沒有液體從果肉中分離出來。

g) 立即將混合物倒入熱的消毒罐中，留出 1/4 英寸的頂部空間。

h) 擦拭罐子的邊緣；海豹。放在架子上冷卻 1 小時。

i) 在冰箱中可保存長達 2 個月。

88.接骨木花注入蜂蜜

原料：

● ¼ 杯接骨木花（乾或新鮮 - 有機）

● 1 杯當地生蜂蜜（流狀）

指示：

a)　　將乾原料添加到罐子中

b)　　用蜂蜜完全覆蓋

c)　　密封頂部

d)　　讓蜂蜜靜置並浸泡一個月，如果需要的話可以更長時間

e)　　拉緊

f)　　將過濾後的蜂蜜放回罐子中並贈送或根據需要使用！

原料：

- ¼ 杯丁香花（幹的或新鮮的 - 有機）
- 1 杯當地生蜂蜜（流狀）

指示：

a)　　將乾原料添加到罐子中

b)　　用蜂蜜完全覆蓋

c)　　密封頂部

d)　　讓蜂蜜靜置並浸泡一個月，如果需要的話可以更長時間

e)　　拉緊

f)　　將過濾後的蜂蜜放回罐子中並贈送或根據需要使用！

90.茉莉花蜂蜜

原料：

- ¼ 杯茉莉花（乾或新鮮 - 有機）
- 1 杯當地生蜂蜜（流狀）

指示：

a) 將乾原料添加到罐子中

b) 用蜂蜜完全覆蓋

c) 密封頂部

d) 讓蜂蜜靜置並浸泡一個月，如果需要的話可以更長時間

e) 拉緊

f) 將過濾後的蜂蜜放回罐子中並贈送或根據需要使用！

91.圖爾西注入蜂蜜

原料：

- 1 杯蜂蜜
- 5-10 片圖爾西葉
- 玫瑰花瓣注入蜂蜜

指示：

a) 將圖爾西葉放入空罐子中。

b) 倒入玫瑰蜂蜜，確保所有成分完全浸沒。

c) 蓋緊蓋子並將其放置在陽光下。

d) 每天至少翻轉罐子一次。

e) 讓這種混合物輸注至少一周或最多 3-4 週。

f) 過濾並存放在陰涼避光的地方以保持新鮮。

92.肉桂蜂蜜

原料：

- 1 杯蜂蜜
- 5 根肉桂棒
- 1 撮 肉桂粉

指示：

a) 將肉桂放入空罐子中。

b) 倒入生蜂蜜並確保所有成分完全浸沒。

c) 蓋緊蓋子並將其放置在陽光下。

d) 每天至少翻轉罐子一次。

e) 讓這種混合物輸注至少一周或最多 3-4 週。

f) 過濾並存放在陰涼避光的地方以保持新鮮。

93.生薑蜂蜜

原料：

- 1 杯蜂蜜
- 1 茶匙切碎的生薑
- 1 撮 薑粉

指示：

a) 將生薑放入空罐子中。

b) 倒入生蜂蜜並確保所有成分完全浸沒。

c) 蓋緊蓋子並將其放置在陽光下。

d) 每天至少翻轉罐子一次。

e) 讓這種混合物輸注至少一周或最多 3-4 週。

f) 過濾並存放在陰涼避光的地方以保持新鮮。

g) 這種浸液在雞肉和蔬菜炒菜的醃料中非常美味。

94.香草蜂蜜

原料：

- 1 杯蜂蜜
- 1 顆香草豆
- ½ 茶匙香草精

指示：

a) 將香草豆和香精放入空罐子中。

b) 倒入生蜂蜜並確保所有成分完全浸沒。

c) 蓋緊蓋子並將其放置在陽光下。

d) 每天至少翻轉罐子一次。

e) 讓這種混合物輸注至少一周或最多 3-4 週。

f) 過濾並存放在陰涼避光的地方以保持新鮮。

95.八角茴香蜂蜜

原料：

- ⅛ 杯完整和部分壓碎的豆莢八角茴香
- ½ 杯蜂蜜

指示：

a) 將八角放入空罐子中。

b) 倒入生蜂蜜並確保所有成分完全浸沒。

c) 蓋緊蓋子並將其放置在陽光下。

d) 每天至少翻轉罐子一次。

e) 讓這種混合物輸注至少一周或最多 3-4 週。

f) 過濾並存放在陰涼避光的地方以保持新鮮。

96.丁香蜂蜜

原料：

- ⅛ 杯整個丁香
- ½ 杯蜂蜜

指示：

a) 將整個丁香放入空罐子中。

b) 倒入生蜂蜜並確保所有成分完全浸沒。

c) 蓋緊蓋子並將其放置在陽光下。

d) 每天至少翻轉罐子一次。

e) 讓這種混合物輸注至少一周或最多 3-4 週。

f) 過濾並存放在陰涼避光的地方以保持新鮮。

g) 最好的用途包括作為火腿的釉料，溶解在牛奶或蛋酒中，或淋在聖誕甜點上。

97.墨西哥辣椒蜂蜜

原料：

- 1 杯蜂蜜
- 1 片墨西哥胡椒或更多，根據您的口味

指示：

a) 將墨西哥胡椒放入空罐子中。

b) 倒入生蜂蜜並確保所有成分完全浸沒。

c) 蓋緊蓋子並將其放置在陽光下。

d) 每天至少翻轉罐子一次。

e) 讓這種混合物輸注至少一周或最多 3-4 週。

f) 過濾並存放在陰涼避光的地方以保持新鮮。

98.香菜籽注入蜂蜜

原料：

- 1 杯蜂蜜
- 一湯匙香菜籽
- 1 撮 香菜粉

指示：

a) 將香菜籽和香菜粉放入空罐子中。

b) 倒入生蜂蜜並確保所有成分完全浸沒。

c) 蓋緊蓋子並將其放置在陽光下。

d) 每天至少翻轉罐子一次。

e) 讓這種混合物輸注至少一周或最多 3-4 週。

f) 過濾並存放在陰涼避光的地方以保持新鮮。

g) 這種注入的蜂蜜可以輕鬆搭配任何美味菜餚。

h) 您還可以將其添加到茶中以獲得令人愉悅的味道和香氣。

原料：

- 4 湯匙醋
- 1 茶匙芹菜籽
- ⅓杯蜂蜜
- 1 湯匙 檸檬汁

指示：

a) 混合所有成分。

b) 與水果沙拉一起食用。

100.罌粟籽蜂蜜

原料：

- 1 杯油
- ⅓杯醋
- 2 湯匙蜂蜜
- 1½ 湯匙 罌粟籽

指示：

a) 將醋和蜂蜜放入攪拌機中攪拌直至呈奶油狀，然後加入罌粟籽攪拌。

b) 存放在冰箱中。

結論

當我們結束這次美味之旅時，我們希望《終極蜂蜜食譜》能夠激勵您在自己的廚房中擁抱蜂蜜的豐富和天然甜味。蜂蜜不僅是甜味劑，還是甜味劑。它證明了大自然的力量和它們提供的令人難以置信的風味。

通過這本食譜中分享的食譜和技巧，我們希望您能夠獲得將蜂蜜融入各種菜餚的信心和靈感。無論您是將其註入醃料中，淋在甜點上，還是探索獨特的風味組合，願您的蜂蜜創意作品為您的餐桌帶來歡樂和愉悅。

因此，當您踏上自己的蜂蜜冒險之旅時，讓《終極蜂蜜食譜》成為您值得信賴的伴侶，為您提供美味的食譜、有用的提示和烹飪探索的感覺。擁抱蜂蜜的金色甜味、健康益處和天然優點，讓您製作的每道菜都成為大自然提供的令人難以置信的風味的證明。

願您的廚房充滿蜂蜜的香氣、大自然恩賜的甜蜜、以及健康食材烹飪的樂趣。祝您烹飪愉快，願您的蜂蜜創作為您的每頓飯帶來一絲自然的愉悅！

Milton Keynes UK
Ingram Content Group UK Ltd.
UKHW020758061023
430068UK00014B/668